BEI GRIN MACHT SICH IHR WISSEN BEZAHLT

- Wir veröffentlichen Ihre Hausarbeit, Bachelor- und Masterarbeit

- Ihr eigenes eBook und Buch - weltweit in allen wichtigen Shops

- Verdienen Sie an jedem Verkauf

Jetzt bei www.GRIN.com hochladen und kostenlos publizieren

Auswirkungen von psychischen Prozessen auf die Konsumforschung und das Kaufverhalten

Eloy Veit

Bibliografische Information der Deutschen Nationalbibliothek:

Die Deutsche Nationalbibliothek verzeichnet diese Publikation in der Deutschen Nationalbibliografie; detaillierte bibliografische Daten sind im Internet über http://dnb.d-nb.de abrufbar.

ISBN: 9783346757562
Dieses Buch ist auch als E-Book erhältlich.

© GRIN Publishing GmbH
Nymphenburger Straße 86
80636 München

Druck und Bindung: Books on Demand GmbH, Norderstedt Germany
Gedruckt auf säurefreiem Papier aus verantwortungsvollen Quellen

Das Buch bei GRIN: https://www.grin.com/document/1293307

Einsendeaufgaben

Bearbeitung des Themenkataloges

Alternative **A**

Modul: Rahmenbedingungen der Markt- und Werbepsychologie

Studiengang: Wirtschaftspsychologie

Abgabe am 7.11.2020

Wirtschaftspsychologie B.Sc.

Inhaltsverzeichnis...*2*

Abkürzungsverzeichnis...*3*

Abbildungsverzeichnis..*4*

Tabellenverzeichnis..*5*

1.1 Charakteristiken von elementaren aktivierenden Prozessen in der Konsumforschung..*6*

1.2 Beteiligung von Emotion, (Triebe)- Motivation und Einstellungen im Prozess der Energiebereitstellung im Rahmen der Konsumentenforschung.............................*8*

2.1 Typologisierung von Kaufentscheidungen nach kognitivem Involvement............*10*

2.2 Determinanten und Restriktionen des Extensivem Kaufverhalten.......................*12*

2.3 Determinanten des Limitierten Kaufverhalten und Bedeutung des Consideration-Sets..*13*

2.4 Habituelles Kaufverhalten...*15*

2.5 Impulsives Kaufverhalten...*17*

3.1 Methodischer Rahmen der Marktforschung..*18*

3.2 Qualitative und Explorative Marktforschung...*19*

3.3 Merkmale und Methoden der Quantitativen (deskriptiven) Forschung in der psychologischen Marktforschung...*21*

3.4 Erläuterung der Kausalen Aspekte der quantitativen Marktforschung................*24*

Literaturverzeichnis...*26*

a. a. O.	am angegebenen Ort
Abb.	Abbildung
Bsp.	Beispiel
bsph.	Beispielshalber
Bspw.	Beispielsweise
Bd.	Bände
bzw.	Beziehungsweise
ca.	circa
def.	Definition
Diss.	Dissertation
ebd.	ebenda
ges.	gesamt
ges. A. aus.	Gesamtanzahl ausgelieferter
gem.i.	gemeint ist
gem.s.	gemeint sind
i.d.R.	in der Regel
ggf.	gegebenen falls
Q.M.F.	quantitative Marktforschung
Q.o.M.f.	quantitativ explorative online Marktforschung
Q.M.S	Qualität Management System
resp.	Respektive, Beziehungsweise
som.	somit
u.a.	unter anderem
u.U.	unter Umstände
vgl.	vergleiche
z.b.	zum Beispiel
zu engl.	zu englisch

Abbildungsverzeichnis

1. Abb. Beispiele für den Einsatzrahmen der quantitativ und qualitativ geprägten Onlineforschung Quelle: Theobald, A. (2017), S. 189..23

Tabellenverzeichnis

1. Tab. Bsp. Alternativen der Aktivierung des Menschlichen Organismus Quelle: Eigene Darstellung in Anlehnung an Hoffmann, S. Akbar, P. (2019), S. 161; Kröber- Riel, W. Esch, F. R. (2004), S. 222; Kochhan, C. Föhl, U. (2016), S. 25-26...8

2. Tab. Typologisierung der Typen von Kaufentscheidungen Quelle: Eigene Darstellung in Anlehnung an Kroeber- Riel, Gröppel- Klein (2013), S. 458-459...11

3. Tab. Faktoren, welche die Alternativauswahl beeinflussen Quelle: Eigene Darstellung in Anlehnung an. Orth, H (2015), 5. Kap. 2.Abs...14

4. Tab. Determinierende Merkmale des Habituellen Entscheidungsprozesses Quelle: Eigene Darstellung in Anlehnung an Orth, H (2015), 5. Kap. 3.Abs. nach Dietrich, M. (1986), S. 18-19...........16

1.1 Charakteristiken von elementaren aktivierenden Prozessen in der Konsumforschung

Durch die Entwicklung des verhaltenswissenschaftlichen Ansatzes, Ende der 1950er- bis 19er- Jahre und dessen spätere Einführung in den 1970er Jahren in Deutschland, wurde ein wesentlicher Schritt, hin zum Erklären und Verstehen des Konsumentenbezogenen Kaufverhaltens errungen so Esch.[1] Weiter führt er aus, dass durch den Einbezug einer Ursache-Wirkungs-Beziehung es erstmals möglich ist , die Konsumentenforschung unter einer interdisziplinären Blickwinkel, einheitlich zu betrachten bzw. zu erforschen. Die Konsumentenforschung stellt som. ein Konglomerat an Teil-Disziplinen dar, welche alle samt Positivistische orientiert sind. Es fließen folgende Merkmale aus eben angeführten Disziplinen mit ein, die Hypothesenbildung, Methodik- vertiefende Erkenntnisse der Psychologie- die empirischen Sozialwissenschaft, die Soziologie bzw. Sozialpsychologie, die vergleichenden Verhaltensforschung (Cross-Culturalresearch) und die physiologischen Verhaltenswissenschaft- nur um die wichtigsten Disziplinen erwähnt zu haben.[2] Unter Aktivierung verstehen Foscht, Swoboda und Schramm-Klein Vorgänge, welche mit innerer Erregung und Spannung verbunden sind, resp. das Menschliche Verhalten mit Energie versorgen und es antreiben. Dabei umfassen die aktivierenden Vorgänge- Emotionen, Motivation und Einstellungen.[3] Orth setzt die elementaren aktivierenden Prozesse an den Anfang der Verhaltenskette, dabei differenziert sie in die unspezifischen und spezifischen elementaren aktivierenden Prozesse. Diese Charakterisieren sich nach ihr durch die fehlende Zuweisbarkeit der Bedürfnisse, so zeichnen sich diese eher durch eine allgemeine im Organismus vorhandene Anspannung aus, oder äußern sich in Unruhe. Die spezifischen Formen der Aktivierung hingegen sind eindeutig dem Einfluss kognitiver Prozesse, Bewertungen und Erfahren angehörig- sie lösen somit komplexe aktivierende Prozesse aus, welche nicht zuletzt in Emotionen, Motivationen und Einstellungen resultieren. Daraus ist abzuleiten, dass sie som. direkten Einfluss auf die Wachheit und Leistungsfähigkeit eines Organismus ausüben.[4] Orth beschreibt dies folgend, „d.h. Sie bestimmen, ob und inwieweit eine Person aktiv wird."[5] Die Aktivierung stellt nach Kroeber und Weinberg eine Grunddimension aller Antriebsprozesse dar. Kommt es zu einer Aktivierung, wird

---

[1] Vgl. Esch, F. R. (2019), 2. Kap. 2. Abs.
[2] Vgl. ebd. (2019), 2. Kap. 3. Abs.
[3] Vgl. Foscht, T. Swoboda, B. Schramm-Klein, H. (2015), S. 37 nach Kroeber-Riel, W. Gröppel-Klein, A. (2013), S. 55-56
[4] Vgl. Orth, H. (2016), 2. Kap. 2. Abs.
[5] Vgl. Orth, H. (2016), 2. Kap. 2. Abs.

6

der Organismus mit Energie versorgt was sich in der Veränderung des Bewusstseins Zustand bemerkbar macht. Denn dieser wird mit der Aktivierung in einen Zustand der Leistungsbereitschaft und Leistungsfähigkeit versetzt.[6] Der Selbstbezug, also das sog. Involvement , der Grad der Ich Beteiligung gibt dabei den Ausschlag ob bzw. wie aktiv sich eine Person für bestimmte Themen interessiert und letztlich auch einsetzt so Senitza, Jungmair und Pöchtrager.[7] Dabei kann die Aktivierung nach ihnen durch drei verschiedene Arten geschehen. Sehe 1. Tab.

Arten der Reizaktivierung
Überraschende kognitive Reize
Kognitive Reize wirken durch die Entstehung gedanklicher Konflikte, sie entstehen durch Wiedersprüche und Überraschung, welche die Wahrnehmung herausfordern und damit gezielt die Informationsverarbeitung anregen. Der Organismus setzt sich demnach eigenständig mit den subliminalen Botschaften des Marketingtreibenden auseinander som. beziehen sich diese auf die Aufnahme, Verarbeitung und Speicherung von Informationen, so Orth.[8]
Physisch intensive Reize
Nach Kochhan und Föhl entfalten physisch intensive Reize ihre Wirkung allein aufgrund ihrer Stärke, sie bedienen sich folgender Aspekte der Wahrnehmung: Optisch: Großflächigkeit, Farbigkeit. Akustisch: Lautstärke, Überbetonung bestimmter Frequenzen. Haptisch: besondere Schwere oder Glätte, Weichheit. Gustatorisch: Bitterkeit oder Süße olfaktorisch: Geruchsintensitivität [9] Zu engl. (Arousal) darunter verstehen Hoffmann und Akbar wie aktivierend oder beruhigend, ein Umweltreiz auf das Individuum wirkt.[10]
Emotionen
Nach Kröber-Riel und Esch sind Emotionen 1. Innere Erregungen, die 2. Angenehm oder unangenehm empfunden und 3. Mehr oder weniger bewusst 4. Erlebt werden.[11]

---

[6] Vgl. Kroeber-Riel, W. Weinberg, P. (2003), S. 58
[7] Vgl. Senitza, F. Jungmair, J. A. Pöchtrager, S. (2020), S. 39
[8] Vgl Orth, H. (2016), 2. Kap. 2.1. Abs.
[9] Vgl. Kochhan, C. Föhl, U. (2016), S. 23
[10] Vgl. Hoffmann, S. Akbar, P. (2019), S.161
[11] Vgl. Kröber- Riel, Esch R. (2004), S. 222

Durch die gezielte Vermittlung emotionaler Schemata durch Produkt und Kommuniaktionsgestaltung, werden Rezipienten zuerst gezielt aktiviert, wodurch es erleichtert wird spezifische Emotionen wie z.b. Jugendlichkeit, Soziale Anerkennung oder sogar Gesundheit zu vermitteln. [12]

1. Tab. Bsp. Alternativen der Aktivierung des Menschlichen Organismus Quelle: Eigene Darstellung in Anlehnung an Hoffmann, S. Akbar, P. (2019), S. 161; Kröber- Riel, W. Esch, F. R. (2004), S. 222; Kochhan, C. Föhl, U. (2016), S. 25-26

1.2 Beteiligung von Emotion, (Triebe)- Motivation und Einstellungen im Prozess der Energiebereitstellung im Rahmen der Konsumentenforschung

Als eine weitere Bestimmungskomponente des Konsumverhaltens gilt die Motivation, welche vorab, von Motiven ab zu grenzen ist, so Senitza et al.[13] Unter Motivation versteht der Forschende sowohl Emotionen als auch Triebe, welche mit einer Zielorientierung in Bezug auf das Verhalten verbunden sind, so Kroeber-Riel Gröppel-Klein.[14] Nach Orth richtet sich Motivation, auf das Handeln eines Individuums.[15] Einstellungen sind nach Kroeber-Riel und Gröppel-Klein eine Motivation- welche mit einer kognitiven Gegenstandsbeurteilung verknüpft bzw. assoziiert ist.[16] Nach Orth sind Einstellungen auf Objekte und im Rahmen der Konsumentenforschung- auf Produkte im weitesten Sinn gerichtet bsph. die Einstellung eines Konsumenten gegenüber einer Automarke. Wichtig zu verstehen ist, dass alle Drei Dimensionen auf das Antriebsverhalten eines Menschen einwirken und die Aktivierung eines Organismus beeinflussen, bzw. steuern. Die ges. Energiebereitstellung, welche bei einer Aktivierung mobilisiert wird, stammt aus unterschiedlichen Prozessen und folgt verschiedenen Prinzipien. Grundlegend stellt die Befriedigung von Wünschen und Bedürfnissen, bzw. der Berührung wichtiger persönlicher Werte und physiologischen Gründe- eine Notwendigkeit dar, die Leistung und Handlungsbereitschaft des Rezipienten auf ein benötigtes Maß zu akquirieren um gezielt das Konsumverhalten zu beeinflussen.[17] Einstellungen werden demnach primär von den emotionalen Einstellungen beeinflusst, diese können positiv oder negativ sein und prägen die Haltung, welche die Konsumenten gegenüber einem Gegenstand haben.

---

[12] Kochhan, C. Föhl, U. (2016), S. 25-26
[13] Vgl. Senitza, et al. (2020), S. 43
[14] Vgl. Kroeber-Riel, W. Gröppel-Klein, A. (2013), S. 61
[15] Vgl. Orth, H. (2016), 2. Kap. 2.1. Abs.
[16] Vgl. Kroeber-Riel, W. Gröppel-Klein, A. (2013), S. 61
[17] Vgl. Orth, H. (2016), 2. Kap. 2.1. Abs.

Einstellungen werden nach Kroeber- Riel und Gröppel- Klein durch die Schubkraft der Motivation dauerhaft verinnerlicht, womit das Verhalten über den Zentralen Verarbeitungsweg langfristig geprägt wird.[18] Mit Verhalten ist im Kontext der Ziel mittel Analyse, welche in der Markenforschung fest etabliert ist gemeint, dass eine Einstellung gegenüber einem von einer Marke erbrachten Produkt oder Dienstleistung, in erster Linie von den durch den Kauf und in Folge des Konsums bzw. befriedigten Motiven geprägt ist, hierbei kann ein Produkt entweder gut Bedürfnisse und Motive befriedigen, oder aber es reicht nicht zur vollen Bedürfnis bzw. Motivbefriedigung aus. Entscheidend bei dieser Betrachtung ist es nach Esch, aus welcher Perspektive die Betrachtung erfolgt. Geschieht der Zugang über Motivstrukturen aus emotionspsychologischer oder kongnitions psychologischer Sicht. Die Emotionspsychologische Perspektive priorisiert die inneren Antriebskräfte, somit stehen die Aktivierungskräfte besagter Marke im Vordergrund. Die Kognitionspsychologische Motivationsforschung hingegen stellt sehr bewusst die abwägende Zielorientierung des Menschen in dem Mittelpunkt der Forschung.[19] anschließend erscheint es sinnvoll eine Hierarchie der Triebe nach ihrer Wichtigkeit zu ordnen. Malsow Modell der Motivationstheorie bietet anhand von verschiedenen Stufen der Bedürfnisse eine gute Möglichkeit der Kategorisierung der Bedürfnisse Evolutionsbiologisch zu gliedern.[20] Som. vollzieht sich die Wichtigkeit der Bedürfnisbefriedigung chronologisch abnehmend, was Biologische Bedürfnisse wie Hunger, Durst und Schlaf zu den wichtigsten Bedürfnissen/ Motiven macht. Es folgt das Bedürfnis nach Sicherheit, womit auch die langfristige Bedürfnisbefriedigung der ersten Hierarchie gem.i. Gefolgt vom Bedürfnis nach Zuneigung und Liebe, sowie Geltung nach Prestige und Status. Ganz unten in der Hierarchie ist das Bedürfnis nach Selbstaktualisierung und Selbstverwirklichung.[21]

---

[18] Vgl. Esch, F. R. (2019), 2. Kap. 5. 2.1 Abs. nach Kroeber-Riel, W. Gröppel-Klein, A. (2013), S. 238
[19] Vgl. Esch, F. R. (2019), 2. Kap. 5. 2. 1. Abs. nach Kroeber-Riel, W. Gröppel-Klein, A. (2013), S. 238
[20] Vgl. Kochhan, C. Föhl, U. (2016), S. 31- 32
[21] Vgl. Kochhan, C. Föhl, U. (2016), S. 32

Im Gabler Wirtschaftslexikon wird eine Kaufentscheidung als der gesamte Prozess von der Produktwahrnehmung bis zur Produktauswahl betrachtet, ferner können diese individuell (von einzelnen Individuen) oder kollektiv (auf organisationaler Ebene) getroffen werden. Die Arten unterscheiden sich nach dem Grund der psychischen Aktivierung der gedanklichen Steuerung und des automatisch reizgesteuerten Handelns, so Kirchgeorg, dazu unten mehr.[22] Foscht, Swoboda und Schramm- Klein verweisen darauf, dass bei individuellen Kaufentscheidungen, diese Kaufentscheidungstypen traditionell, um die Komplexität zu systematisieren vom Grad der kognitiven Steuerung gebildet werden, der ges. Entscheidungsprozess, verinnerlicht som. ein einheitliches denken. Dabei wird der Begriff der Kaufentscheidung entweder eng oder weit gefasst, je nachdem ob nur das Zustandekommen des Kaufentschlusses z.B. ein bestimmtes Produkt einer Marke kaufen- oder aber der ges. Kaufentscheidungsprozess, also angefangen bei der Angebotswahrnehmung bis hin zum Kauf betrachtet wird.[23] Ausgehend von einer Gesamtheitlichen Betrachtung der Typologisierung der Kaufentscheidungen unterscheidet Katona in den 1960er, zwischen echten und habitualisierten Entscheidungen.[24] Erstere werden nach Foscht, Swoboda und Schramm gefällt, wenn Konsumenten mit neuen oder relativ unbekannten Kaufsituationen konfrontiert sind, welche letztlich zu einer Umstrukturierung des „psychologischen Feldes" führen indem diese einen umfangreichen Problemlösungsprozess anstoßen. Dies bedeutet, dass Erwartungen, Pläne, jedoch auch andere die Zukunft betreffende Einstellungen verändert werden so Foscht, et al. Auch wenn Howard und Sheth 1996 in extensive, habitualisierte und vereinfachte Entscheidungen typologisieren, ist auf die in der Konsumforschung gängigste Sichtweise der Typologisierung hin zu weisen, nach welcher die oben angeführte weitest gehende Sicht sich durch eine Reihenfolge der abnehmenden kognitiven Kontrolle vollzieht.[25] Sehe 2. Tab.

1. Entscheidungen mit stärkerer kognitiver Steuerung sog. (echte Kaufentscheidungen oder kognitive Entscheidungsmuster)
Extensives (Kauf-) Verhalten bzw. Entscheiden und

---

[22] Vgl. Kirchgeorg, M. (2020), S. 1. 1. Abs.
[23] Vgl. Foscht, T. et al. (2015), S. 167
[24] Vgl. Katona, G. (1960), S. 57; Orth, H. (2016), 5. Kap. 1. Abs.
[25] Vgl. ebd. et al. (2015), S. 167

Limitiertes (Kauf-) Verhalten bzw. vereinfachte Entscheidungen gehören.
2. Entscheidungen mit geringer kognitiver Steuerung, die sich in
Habituelles (Kauf-) Verhalten bzw. Entscheiden (Gewohnheitsverhalten) und
Impulsives (Kauf-) Verhalten bzw. Entscheiden differenzieren lassen.

2. Tab. Typologisierung der Typen von Kaufentscheidungen Quelle: Eigene Darstellung in Anlehnung an Kroeber- Riel, Gröppel- Klein (2013), S. 458-459

Der Begriff Involvement zu Deutsch Beteiligung, beinhaltet nach Orth das Engagement, den persönlichen Einsatz und die persönliche Betroffenheit im Kontext einer Aufgabe oder eines Sachverhalts. Im Zusammenhang mit dem Konsumverhalten, ist die Differenzierung von High und Low Involvement in dichotome Kategorien relevant, da diese eine unterschiedliche Herangehensweise an den Kauf von Produkten implizieren. Während High Involvement ein hohes persönliches Engagement und Interesse bedeutet und somit zwangsläufig zu einer umfangreicheren und ausführlicheren Beschäftigung im Vorfeld des Produktkaufes führt, sind beim Low Involvement Informationen eher von sekundärer Priorität. Prinzipiell beinhaltet dieses eher ein geringeres Engagement und Interesse am Produktkauf. Zu beobachten ist dieses Verhalten beim Kauf von täglichen Gebrauchsgütern, Wer kennt es nicht, den schnellen Griff ins Regal. Sachinformationen sind wie oben bereits angeführt hier nicht ausschlaggebend. Dafür sind emotionale Reize, welche die Aufmerksamkeit erregen um so wichtiger.[26]

2.2 Determinanten und Restriktionen des Extensivem Kaufverhalten

Extensive Kaufentscheidungen sind nach Solomon durch eine hohe affektive (Emotionen) und kognitive (gedankliche Prozesse) Beteiligung gekennzeichnet.[27] Die hohe kognitive Beteiligung der Konsumenten ist u.a. darauf zurück zu führen, dass die eigentlichen Kaufabsichten, erst während des Entscheidungsprozesses präzisiert werden- die Rede ist vom sog. Suchkauf so Foscht et al. [28] Im Prinzip basiert diese Art des Suchens auf der grundsätzlichen Absicht des Erwerbes eines Konsumgutes, welche jedoch noch wenig konkretisiert ist. Für den Forschenden an dieser Stelle fundamental zu verstehen

---

[26] Vgl. Orth, H (2015), 3. Kap. 1.2. Abs. nach Foscht, T. et al. (2015), S. 136
[27] Vgl. Solomon, M. (2016) S. 306
[28] Vgl. Foscht, T. et al. (2015), S. 170

ist, dass der Konsument in dieser Phase noch durch die Hinzugabe verschiedener-, teils durch den Forschenden ausgewählten, Fachlichen Informationen beeinflussbar ist, da sich der gesamte Prozess auf den Aufbau von Sicherheit und den Abbau von Kaufrisiken bezieht. Sie führt weiter aus, dass ein potenzieller Konsument- je eher dieser über bewährte Entscheidungsmuster verfügt, umso höher ist der Bedarf nach Informationen, so Orth.[29] Als Beispiel hierfür zählt Orth einen Autokäufer auf, für den der Erwerb eines Automobils keine Routine Handlung darstellt. Für diesen wird der benötigte Informationsbedarf und die dadurch entstandene Suche, zu einem viel intensiverem und unsicherem Prozess, welcher sich auch in der ges. Prozesslänge hinauszögern wird. Gem.i. das es um einiges mehr Zeit in Anspruch nimmt, als wenn jemand bereits das zwanzigste Auto vorweist und diese in einem kurzen Turnus wechselt.[30] Solch extensive Prozesse der systematischen Informationsbeschaffung, unterliegen jedoch auch verschiedenen Restriktionen. Nach. Foscht et al. ist jeder Konsument zunächst einmal durch seine Wahrnehmung eingeschränkt, es ist auf die Begrenzung der Kognitiven Fähigkeiten zu verweisen, komplexe Problemlösungsmuster zu beherrschen. Auch ein begrenztes persönliches Informationsniveau gilt zu berücksichtigen, gem.i. damit die Fähigkeit Informationen differenziert auf zu nehmen und zu verarbeiten- (begrenzte Rationalität).[31] Ebenso treten Restriktionen durch situative Faktoren auf, gem.s. die Ziele, die ein Konsument durch den Kauf eines Produktes erreichen möchte so Pöchtrager, Niedermayr und Sajovitz.[32] Nach Peter und Olsen, stellen weitere situative Faktoren Umwelteinflüsse dar, welche Problemlösungsprozesse bei Kaufentscheidungen verändern, unterbrechen jedoch auch beenden.[33] Diese beinträchtigen also den Handlungsspielraum. Ein verbreitetes Bsp. hierfür, hat jeder schon einmal erlebt gem.i. der Zeit druck, etwas bestimmtes muss zu einer gewissen Zeit erledigt sein, sonst hat dies Auswirkungen auf unser Leben. Orth führt ein Auto auf, welches in einer Werkstatt bis zu einem gewissen Termin repariert oder gewartet werden muss, lassen sie es den TÜV sein- egal. Benötigt wird das Auto aus einem gewissen Grund heraus- ein Bewerbungsgespräch, eine wichtige Vorstellung für eine Stelle etc.- je nachdem wie hoch das persönliche Involvement ist und welche Erfahrungen der Konsument schon einmal gemacht hat, wirkt sich dies auf den gesamten Entscheidungsprozess aus, die Art der

---

[29] Vgl. Orth, H (2015), 5. Kap. 1. Abs.
[30] Vgl. ebd. (2015), 5. Kap. 1. Abs.
[31] Vgl. Foscht, T. et al. (2015), S. 171
[32] Vgl. Pöchtrager, S. Niedermayr, F. Sajovitz, P. (2018), S. 51- 52
[33] Vgl. Pöchtrager, S. Niedermayr, F. Sajovitz, P. (2018), S. 51- 52 nach Peter, J. P. und Olson, J. (2008)

Beeinflussung verkürzt oder verlängert diesen.[34] Zu Letzt ist auf die Beteiligung emotionaler Erregungszustände zu verwießen, die das kognitive entscheidungsverhalten nicht nur begleiten, sondern auch derart dominieren können, dass extensiv begonnene Entscheidungsprozesse u.U. auch impulsiv ablaufen können, Bsp. Ein Konsument ist von der Visuellen Erscheinungsform eines Sportwagens so sehr begeistert, dass er sich trotz vorheriger Festlegung auf ein anderes Modell spontan umentscheidet. Je nachdem auf welches Entscheidungsmuster sich ein Konsument bezieht, gelten verschiedene Regeln bsp. konjunktive Regel, disjunktive Regel, lexikografische Regel.[35]

2.3 Determinanten des Limitierten Kaufverhalten und Bedeutung des Consideration- Sets

Anders als beim Extensivem Kaufverhalten hat der Konsument beim Limitierten Kaufverhalten, bereits erste Erfahrungen mit der Art des zu beschaffenen Konsumgutes und der am Markt platzierten Anbieter gemacht. Som. beinhaltet dies verfestigte kognitive Verhaltensmuster, welche als Umsetzung bereits vorgefertigte Entscheidungen in Kaufhandlungen aufgefasst werden. Relevant ist dies für das Set von Marken, aus welchen er heraus seine Kaufentscheidung trifft, denn das Marken Set ist som. von Anfang an begrenzt, was jedoch nicht bedeutet, dass der Konsument bereits ein konkreter Alternative präferiert, so Ganser und Krol.[36] Merkmale des Prozesses sind nach Kochhan und Föhl folgende: Zuerst berücksichtigt der Konsument eine Auswahl an Alternativen, das sog. (Evoked Set). Das Evoked- Set oder in der Literatur auch (Consideration Set) genannt, bezeichnet nach Foscht et al. jene für ein Entscheidungsprozess, als relevant erachtete Alternativmenge an spontanen Erinnerungen und Assoziationen, zu welchen grundsätzlich eine positive Einstellung besteht und den Kauf befürworten.[37] Ferner greift der Konsument auf bewährte Bewertung und Beurteilungskriterien zurück. Im Falle eines Autos, z.b. die bereits erbrachte Kilometerleistung oder der Benzinverbrauch auch die Art des Kraftstoffes (Elektromotor) kann som. ausschlaggebend sein.[38] Foscht et al. Verweisen darauf, dass die Auswahl einer Alternative im wesentlichen durch das jeweilige Anspruchsniveau des Konsumenten bestimmt wird- was bedeutet, dass der Entscheidungsprozess beendet ist, wenn der Konsument eine Alternative gefunden hat,

---

[34] Vgl. Orth, H (2015), 5. Kap. 1. Abs.
[35] Vgl. Foscht, T. et al. (2015), S. 171
[36] Vgl. Gansser, O. Krol, B. (2017), S. 39
[37] Vgl. Foscht, T. et al. (2015), S.172
[38] Vgl. Kochhan, C. Föhl, U. (2016), S. 110-111

welche seinen Ansprüchen genügt.[39] Nach Orth wird die Zahl der erwogenen Alternativen, welche für die Entscheidungsfindung verantwortlich sind, von verschiedenen Faktoren beeinflusst. Sehe 3. Tab.

Erfahrungswissen, Vertrautheit mit dem Produkt	Je vertrauter ein Produkt, desto geringer ist die Anzahl der erwogenen Alternativen bsp. hierfür sind Konsumenten, welche schon viel Erfahrung mit Fahrzeugen gesammelt haben, was eine spezielle Favorisierung der Marken beinhält.
Einfachheit bzw. Komplexität des Produktes	Je geringer der Differenzierungsgrad eines Produktes, desto geringer die Zahl der erworbenen Alternativen bsp. Mittelklasse- Kombis.
Marken- oder Produktzufriedenheit	Je höher die Zufriedenheit mit einer Marke oder einem Produkt, desto geringer ist die Anzahl der erwogenen Alternativen, bsp. positive Erfahrungen mit einer Automarke grenzen andere Hersteller aus.
Nutzenvielfalt eines Produktes	Je höher die Einsatzmöglichkeiten eines Produktes, desto geringer die Zahl der erwogenen Alternativen bsp. Größe des Stauraums eines KFZ.
Reife eines Produktes	Je ausgereifter ein Produkt, desto geringer ist die Zahl der erwogenen Alternativen, bsp. Das Segment der E- Autos benötigt eine umfangreichere Suche

3. Tab. Faktoren, welche die Alternativauswahl beeinflussen Quelle: Eigene Darstellung in Anlehnung an. Orth, H (2015), 5. Kap. 2. Abs.

---

[39] Vgl. Foscht, T. et al. (2015), S. 174

14

Das Habitualisierte Kaufverhalten gem.i. (Gewohnheitsbildung, die in der Arbeitspsychologie bei maximal gelernten Arbeitsvollzügen, im Sinne eines automatisierten Handelns, relevant ist und in der Marktpsychologie als vereinfachte Entscheidungsfindung interpretiert wird, so Maier, G. W.)[40]- zeichnet sich durch den Gewohnheitsmäßigen Konsum von Waren und Dienstleistungen aus. Nicht selten stehen hierbei Produkte des täglichen Bedarfs, z.b. Lebensmittel oder Hygiene Artikel im Zentrum der Betrachtung. Da der Grad an erbrachter Reflexion, bezüglich der gewählten Artikel meist entfällt, handelt es sich som. um schnelle meist Unreflektierte Kaufentscheidungen so Studyflix.[41] Diese Unreflektierten Kaufentscheidungen bilden sich aus Einkaufsmustern heraus, welchen eine gewissen Art von Kontingenz (Regelmäßigkeit) zu Grund liegt, so Kuß und Tomczak.[42] Die kognitive Entlastung welche den Prozess vereinfacht, sorgt für eine Minimierung der in den Entscheidungsprozess einbezogenen Kriterien, so Orth.[43] Dietrich Kategorisiert die Habituelle Entscheidungsprozess durch folgende Merkmale sehe 4. Tab.

Der Konsument bezieht sich im Entscheidungsprozess auf vorgefertigte Entscheidungsmuster
Hinzu kommt eine oft allzu eindeutige Präferenz für eine Alternative, (bsp. Magerquark mit 0-1 % Fett (nicht der von Gut und Günstig).
Hinzu kommt eine sichtbar verkürzte Entscheidungszeit, der Konsument kennt häufig Ort und Lage des begehrten Konsumgutes und greift somit eher zu.
Zusätzlich geht ein Konsument von einem mit positiven Emotionen besetzen Produkt davon aus, dass er durch Wiederkauf, das Risiko eines Fehlkaufes minimiert.
Auch die Relevanz eines Produktes ist maßgeblich entscheidend.

4. Tab. Determinierende Merkmale des Habituellen Entscheidungsprozesses Quelle: Eigene Darstellung in Anlehnung an Orth, H (2015), 5. Kap. 3.Abs. nach Dietrich, M. (1986), S. 18-19

Die Art der Habitualisierung erfolgt durch verschiedene Art und Weisen, so erwähnt Foscht et al. die Habitualisierung durch Gebrauchserfahrungen. Diese beginnt meist als

---

[40] Vgl. Maier, G. W. (2020), S.1. 1. Abs.
[41] Vgl. Studyflix (2020), S. 1. 6. Abs.
[42] Vgl. Kuß, A. Tomczak, T. (2007), S. 147–148
[43] Vgl. Orth, H (2015), 5. Kap. 3. Abs.

extensiver Kaufprozess, welcher im Rahmen der operanten Konditionierung positive Verstärkung findet, wobei die Kognitive Prozesse, als Folge dessen rezessiv absinken. Habitualisierung durch Imitation meint die Adaption von meist vorgefertigten Konsummustern, welche durch das Umfeld des Konsumenten bereitgestellt sind. Bsp. Badura lernen am Modell.[44] Es ist die Rede von Habitualisierung ohne vorherige eigene Erfahrung bsp. die Konsumgewohnheiten der Eltern bei Produkten des täglichen Bedarfes werden von den Kindern meist übernommen, hingegen tritt bei Gebrauchsgütern oft eine Individualisierung ein. Wird das Bedürfnis nach Vereinfachung der Lebensführung als Prädisposition (Anfälligkeit für gewisse Muster) betrachtet, so ist die Habitualisierung als Persönlichkeitsmerkmal zu verstehen.[45] Ein ausgeprägtes Habitualisierungsverhalten führt zu einem geringeren Engagement beim Einkauf und wird von der individuellen Risikoneigung des Konsumenten maßgeblich beeinflusst. Bsp. Der Käufer begegnet möglichen negativen Konsequenzen des Kaufs u.a. durch markentreues Verhalten. Ferner hat die Habitualisierungsneigung Auswirkungen auf das Anspruchsverhalten des Konsumenten. Die Neigung des Konsumenten zu gewohnheitsmäßigem Verhalten, bestimmt den Grad an welchem dieser maßgeblich an einem problemlosen und risikoarmen Anspruchsniveau interessiert. Die Habitualisierung steigt mit zunehmenden Alter und sinkt bei einem höheren sozialen Status so Foscht.[46]

2.5 Impulsives Kaufverhalten

Diese Art des Kaufverhaltens ist wie der 2. Tab. zu entnehmen als Entscheidungsprozess zu typologisieren in welchem keine kognitiven oder (Meta)-kognitiven Kontrollprozesse greifen, dies impliziert eine hohe affektive Steuerung des Kaufprozesses, welche getriggert von einem externen Reiz (Stimulus), oder einen internen emotionalen Aufladung den Konsumenten vom Akteur, zum Reakteur degradiert. Durch diese Reizabhängigkeit und der geringen bestehenden kognitiven Kontrolle, besteht der wesentliche Unterschied zu anderen Formen der Kaufentscheidung, so Weinberg.[47] Einkaufsstimulierende Reize sind Produkt- Platzierungen, Präsentationen, sowie

---

[44] Vgl. Foscht, et al. (2015), S. 176
[45] Vgl. ebd. (2015), S. 176 nach Bandura, A. (1977), S. 22
[46] Vgl. ebd. (2015), S. 177

[47] Vgl. Weinberg, P. (1981), S. 164; Kuß, A. Tomczak, T. (2007), S. 154- 155; Foscht, et al. (2015), S. 177

Display-Material und die Gestaltung der Produkte etc. Ausschlaggebend für das impulsive Kaufverhalten, sind jedoch auch Persönlichkeitsmerkmale wie etwa die Impulsivität und Reflektivität des Konsumenten. Eine hohe Impulsivität in Verbindung mit einer geringen Reflektivität begünstigt impulsives Verhalten, so Foscht et al.[48] Stern klassifiziert weiter in reine, erinnerungsgesteuerte, geplante und durch Überredung erwirkte Impulskäufe.[49] Im klinisch-psychologischen Kontext wird dieses Phänomen ebenfalls erforscht, da eine oftmalige Entgleisung des Kaufverhaltens nicht selten, mit erheblichen Problemen für die Konsumenten einhergeht. Das Pathologische Kaufverhalten zeichnet sich durch eine Impulskontrollstörung aus, welche nicht selten mit anderen Psychischen Störungen und Sozioökonomischen folgen einhergeht, so Fydrich, Martin und Schneider.[50] Nach Orth sind im Wesentlichen zwei Entstehungsursachen für impulsives Verhalten hervorzuheben. Zuerst ist die Reizsituation an sich zu beachten welches impulsive Verhalten als das Ergebnis eines externen Auslösers sieht. Die Sicht der Psychischen Prozesse hingegen, sieht nicht die Reizsituation als Erklärung für das Konsumentenverhalten- sondern das Psychische Bedürfnis, gem.i. die Sehnsucht nach affektivem Genuss als Triebfeder.[51] Als bsp. für das Impulsive Kaufverhalten, kann ein Konsument herhalten, welcher sich auf eine reduzierte Preisangabe verlässt, z.b. Preisendung mit 99ct. Hier ist es so, dass der Konsument oft denkt, dass er ein günstigeres Produkt erwirbt, tatsächlich fehlen diesem jedoch meist die real existierenden Bezugs- und Vergleichsmöglichkeiten, solche Situationen treten oft in Supermärkte oder anderen physisch realen Transaktionsorten auf.

3.1 Methodischer Rahmen der Marktforschung

Definiert wird diese nach Thommen, Achleitner, Gilbert, Hachmeister und Kaiser als, „systematische, auf wissenschaftlichen Methoden beruhende Gewinnung und Auswertung von Informationen über die Elemente und Entwicklungen des Marktes unter Berücksichtigung der Umweltbedingungen."[52] Die Intention, welche diese Dabei verfolgt, ist es ein umfangreiches Verständnis der Märkte zu generieren, um fundierte

---

[48] Vgl. Foscht, et al. (2015), S. 177
[49] Vgl. Foscht, et al. (2015), S. 177 nach Stern, H. (1962), S. 59-61
[50] Vgl. Fydrich, T. Martin, A. Schneider, W. (2010), S. 429
[51] Vgl. Orth, H (2015), 5. Kap. 4. Abs.
[52] Thommen, J. P. Achleitners, A. K. Gilbert, D. U. Hachmeister, D. Kaiser, G. (2017), S.70

Marketingentscheidungen treffen zu können, so Böhler und Fürst.[53] Die Gewinnung, Verwaltung und Auswertung der Verschiedenen Informationen aus den unterschiedlichen Quellen, basiert auf einem Marketinginformationssystem so Spindler.[54] Ist die Rede von der Psychologischen Marktforschung, bezieht sich das Fach auf die an Bedeutung gewinnenden interdisziplinären Ansätze- vor allem die aus der Psychologie und dem Neobehaviorismus stammenden Methoden, sowie eine Erweiterung der intervenierenden Variablen wie Motivation, Einstellung und Formen der menschlichen Informationsverarbeitung, innerhalb der Marketingtheorie. Es ist zu vermerken, dass die Wichtigkeit der Marktforschung durch eben jene Annexion der statistischen Erhebungs- und Analysemethoden und in dessen Folge, der neu geschaffenen Möglichkeit komplexe Konstrukte zu analysieren- sowie zu neuen Erkenntnissen zu gelangen, mitunter sehr anstieg.[55] Dieser Spezialfall der allgemeinen Marktforschung untersucht das Verhalten von Einzelpersonen und Gruppen, gem.i. das Konsumentenverhalten in diversen Marktsituationen. Das Methodeninventar, welches einem dieser interdisziplinäre Ansatz dafür bereitstellt, ist sehr umfangreich und dient dazu tieferliegende, nicht offen artikulierbare Motiv- und Bedürfnisstrukturen aufzudecken.[56] Fragt sich der Forschende nun, welche Methoden genau bei der Psychologischen Marktforschung in Frage kommen, ist es für diesen nach Malhotra fundamental zu verstehen, dass die einzelnen Methoden in Abhängigkeit vom Forschungsinteresse und der theoretischen Ausrichtung, der Art des Problems bestehen.[57] Eine Differenzierung der Verfahren, welche in der Marktforschung eine Anwendung finden, geschieht in die Kategorien implizit und explizit. Während explizite Verfahren selbstbezogene Daten der Konsumenten erheben, über welche sich die Versuchspartner bewusst sind, stellen die impliziten Verfahren das Pendant- bei diesen interpretiert der Forschende Informationen des Versuchs Partners, über welche sich dieser nicht bewusst ist. Wie in allen anderen Bereichen der empirischen Sozialforschung, gilt auch in der psychologischen Marktforschung die Klassifizierung der Verfahren in quantitativ oder qualitativ. Während die quantitative Forschung darauf spezialisiert ist, numerische Daten zu erheben, generiert die qualitative Forschung Daten,

---

[53] Vgl. Böhler, H. Fürst, A. (2014), S. 19
[54] Vgl. Spindler, G. I. (2016), S. 49 nach Kotler, P. (2007)
[55] Vgl. Wirtschaftslexikon24 (2020), S. 1 1. Abs.
[56] Vgl. Spektrum (2020), S.1 1. Abs.
[57] Vgl. Malhotra, N. K. (2010), S. 19

in der Form von Textdaten- es ist darauf zu verweisen, dass es auch hier Mischformen gibt, bei welchen es keine eindeutige Trennlinie gibt, die sog. Mixed-Methods so Orth.[58]

3.2 Qualitative und Explorative Marktforschung

Qualitative Maßnahmen eignen sich nach Steffen und Doppler besonders gut, um Entscheidungen in der Marketingabteilung herbeizuführen. Als bsp. Nennen sie die Erkenntnisse, welche die Forschenden über das gezielte Sammeln und Auswerten auftretender Phänomene bei Produkteinführungen auftritt. Ziel dieser ist es Sachverhalte zu evaluieren, jedoch steht diese Art der Erhebung von Daten vermehrt in Kritik.[59] Als Grund hierfür nennt Magerhaus, ein mangelndes konsensfähiges Verständnis der Q.M.f. um die Zukunft dieser Art der Datenerhebung dennoch zu sichern und kontinuierlich zu optimieren, fordert Magerhaus die Entwicklung eines gemeinsamen Grundverständnisses vor dem Hintergrund der Erhöhung ihres praktischen Nutzens.[60] Auch Orth erwähnt die nur schwer zu objektivierende Forschungsmethoden einiger Forschenden, ein Problem hierbei ist die Tatsache, dass das Forschungsergebnis bei qualitativen Untersuchungen, in einem hohen Maße, in der Abhängigkeit der den Forschenden prägenden Erfahrungen und dessen persönlicher Interpretation abhängig ist.[61] Der von der Q.M.f. gestellte Aufgabenkatalog, die sog. 5 D´s ist vielseitig und dokumentiert alle Vorgänge.[62] Was die zu den einsatzkommenden Instrumenten betrifft, ist es so, dass meistens explorative Methoden Anwendung finden. Mit diesen werden weniger quantifizierbare Angaben hinsichtlich der Erhebungsmodalität gemacht, viel eher geht es darum sich einem Thema aus dem „nichts"- gem.i. ohne einschlägig vorher gesammelte Erfahrungen zu nähern. Es geht also darum Ideen und Einsichten als Untersuchungsgegenstand zu generieren. Weiterführend pointieren Kuß, Wildner und Kreis diese som. als Hilfsmittel im Prozess der Konzeptualisierung.[63] Durch den Einsatz von multivariaten Verfahren, kam dem Ansatz der explorativen Untersuchungen im Rahmen der Anwendung beim Data Mining ein neuer Ansatzpunkt hinzu. Sinn und Zweck ist es große Mengen von Daten im Hinblick auf bestimmte Merkmalszusammenhänge (Muster) automatisch zu analysieren. Dadurch werden Zusammenhänge, zwischen erhobenen Kundenmerkmalen und

---

[58] Vgl. Orth, H (2015), 7. Kap. 1. Abs.
[59] Vgl. Steffen, A. Doppler, S. (2019), S. 2 nach Weis, H. C. Steinmetz, P. (2012), S. 39
[60] Vgl. Magerhaus, A. (2016), S.358
[61] Vgl. Orth, H (2015), 7. Kap. 2. Abs.
[62] Vgl. Magerhaus, A. (2016), S. 5
[63] Vgl. Kuß, A. Wildner, R. Kreis, H. (2018), S.30

Verhaltensweisen entdeckt. Ein Fachliches bsp. hierfür benennt Kuß et al. durch die Erreichung der Merkmalspezialisierung, welche bei Intensivverwendern bei einem bestimmten Produkt besonders starke Ausprägungen finden.[64] Auch wenn Hiermit ein neues Kapitel in der quantitativ-explorativen -online-Marktforschung geöffnet wird, ist darauf zu verweisen, dass der Anteil an erhobenen Interviews dreiundvierzig Prozent ausmacht, dennoch beteiligt sich die Q.o.M.f. mit ihrer gestützten Fokusgruppe im Jahre 2014 nur mit ca. einem Prozent. Vor dem Hintergrund der bereits vergangenen Zeit ist darauf hinzuweisen, dass sich die Methodik vom einfachen Fragebogen, hin zu komplexen Multimedialen Erhebungsinstrumenten bsp. Online-Chatrooms, Gruppendiskussionen und Chats, wie Community Befragungen deutlich weiterentwickelte.[65] Vor diesem Hintergrund raten Keller, Klein und Tuschl der qualitativen Marktforschung dazu, auch in Zukunft nicht jedem Hype unreflektiert nachzurennen oder sich davon unnötig aus der Ruhe bringen zu lassen. Die Autoren Verstehen die erhöhten Kosten und auch Zeitzwänge, welche durch den Einsatz solcher Verfahren anfallen- und dann nicht selten zu standardisierten Studiendesigns führen, dennoch betonen sie die explizite Nützlichkeit, welche den Kunden ungewöhnliche Wege zur Erkenntnis offeriert, vorausgesetzt natürlich, die Instrumente finden in einem angemessenen Rahmen Anwendung.[66] Da Die Domäne der qualitativen Erfragungen von den expliziten Verfahren gehalten wird, welche auf der Selbstauskunft der Probanden basieren, werden vermehrt Gruppeninterviews der Form nach Gruppendiskussionen durchgeführt, da diese einen guten Überblick über die Meinungen und Ideen mehrerer Personen zugleich geben. Die Auswahl der Versuchspartner, ist som. zum Großteil auf Demografische Daten bezogen.[67] Es kommen jedoch auch projektive Verfahren zum Einsatz, diese gehören somit zu den von Freud geprägten impliziten Verfahren (Psychoanalyse<3). Das Prinzip dieser besteht in der Annahme, dass Menschen ihre eigenen Wahrnehmungen und Einstellungen nach außen hin projizieren. Passende Bsp. für solche Erhebung sind das Zeichnen von Sprechblasen, Psychodrawings, Collagen, Autodrivings, die verbale Projektion, die Stereotype Technik und die Naturalistische Umfrage so Orth.[68]

---

[64] Vgl. ebd. et. al. (2018), S. 31-32
[65] Vgl. Theobald, A. (2017), S. 188
[66] Vgl. Keller, B. Klein, H. W. Tuschl, S. (2015), S. 148
[67] Vgl. Orth, H (2015), 7. Kap. 2. Abs. nach McCracken, G. (1988), S. 9-11
[68] Vgl. ebd. (2015), 7. Kap. 2. Abs. nach Solomon, M. (2001), S. 43-50

3.3 Merkmale und Methoden der Quantitativen (deskriptiven) Forschung in der psychologischen Marktforschung

Wie oben bereits angeführt geht es in der quantitativen psychologischen Marktforschung darum Numerische Daten zu generieren, aus welchen der Forschende statistisch haltbare Rückschlüsse, bezüglich den Einstellungen, dem Verhalten, jedoch auch anderen wichtigen Variablen des Konsumenten erhebt, so Solomon, Bamossy und Askegaard.[69] Im Rahmen der Quantitativen Erhebung ist es som. zwangsläufig notwendig, die Fragen möglichst einheitlich und geschlossen zu halten, sehr typisch für solche Erhebungen sind Fragebögen. Die Fragestellung in diesen gehen zumeist in die Breite, es wird nach Häufigkeit (Wie viel) und Intensität (Wie stark) gefragt. Der Ablauf ist zumeist sehr strukturiert, wobei die Durchführung mittels eines instruierten Interviewers, oder aber voll-automatisiert geschieht. Die Dauer der Befragung beträgt maximal eine Stunde, was als kurz gilt. Da solche Befragungen dazu dienen, eine Stichprobe repräsentativ zu vertreten, besteht die Stichprobe meist aus einer großen Anzahl an Personen. Die Rede ist nicht selten von einhundert Personen- die Anzahl der Teilnehmer findet nach oben hin jedoch rein theoretisch keine Begrenzung, erklärtes Ziel dieser ist es statistisch gesicherte Aussagen über die Grundgesamtheit zu treffen, von welcher aus es möglich ist durch weitere Hochrechnungen, bezogen auf spezielle Merkmale ausgewählter Individuen zu vollziehen, so Fichter.[70] Erklärtes Ziel ist som. die Generierung von Durchschnittswerten, Häufigkeiten und Verteilungen. Orth führt als Praxisnahes Beispiel die gezielte Generierung von Durchschnittstypologien an. Diese Ordnen gewisse Konsumentengruppen, in ein mit Aspekten der Persönlichkeit verbundenes Spektrum.[71] Eine Grundlegende Kategorisierung der Quantitativen Forschung, geschieht in die Bereiche deskriptive und kausale Forschung. Die Deskriptive Forschung dient dazu einen bestimmten Zustand zu erfassen- vor dem Hintergrund, dass sie jedoch keine expliziten Erklärungen liefert. Priorisiertes Ziel deskriptiver Studien ist die Beschreibung von Sachverhalten, die Ermittlung von Häufigkeiten und das Feststellen von Korrelationen zwischen Variablen, um dies sicherzustellen, werden Durchschnitts- und Mittelwerte, Streuungen und Verteilungen ermittelt. Damit können auf dieser Grundlage zwar Aussagen über Zusammenhänge getroffen werden, der genaue Nachweis für Ursachen,

---

[69] Vgl. Solomon, M. Bamossy, G. Askegaard, S. (2001), S. 48
[70] Vgl. Fichter, C. (2018), S. 90
[71] Vgl. Orth, H (2015), 7. Kap. 3. Abs.

ist jedoch nicht nachzuweisen.[72] Typische Fragen, welche durch die wichtigste Methode in diesem Bereich- der standardisierten Befragung gezielt gestellt werden lauten nach Orth, wie folgt: Durch welche Merkmale lassen sich die Konsumenten beim Kauf eines PKW, beeinflussen? Oder welchen Preis sind die Konsumenten Prinzipiell bereit für ein gewisses Produkt (x,Y,z) zu bezahlen?[73] Die Art der hierdurch betriebenen systematischen Datengenerierung, findet seinen Weg auf verschiedene Arten zum Konsumenten, nicht selten auf dem Postweg, auch wenn dies nicht mehr die gängige Praxis darstellt. Auch standardisierte Telefoninterviews sind nicht selten. Persönliche Interviews sind in der Praxis auch noch häufig an zu treffen, diese haben den Vorteil, dass der Forschende auf die Nonverbale Signale zurückgreifen kann, um diese mit in den Auswertungsprozess einzubeziehen.[74] Wie oben bereits angeführt halten quantitative Verfahren den Großteil aller erhobenen Online-Befragungen.[75] Onlineforschung meint im Folgenden die durch adm, ASI, BMW und DGOF definiert unter: „Online-Befragungen" schließt in der hier gebrauchten Definition Befragungen ein, bei denen die Teilnehmer den Fragebogen...

- auf dem Server des Forschungsinstituts oder eines Providers mittels Internet

  online ausfüllen,

- vom Server mittels Internet herunterladen und per E-Mail zurücksenden oder
- in eine E-Mail integriert zugeschickt bekommen und auf die gleiche Weise zurücksenden".[76]

Eine genauere Untergliederung der Onlineforschung ist der 2. Abb. zu entnehmen.

---

[72] Vgl. ebd. (2015), 7. Kap. 3.1. Abs.
[73] Vgl. ebd. (2015), 7. Kap. 3.1. Abs.
[74] Vgl. ebd. (2015), 7. Kap. 3.1. Abs.
[75] Vgl. Magerhaus, A. (2016), S. 166; Theobald, A. S. 188
[76] Theobald, A. (2017), S. 188 nach adm/ASI/BVM/DGOF (2007)

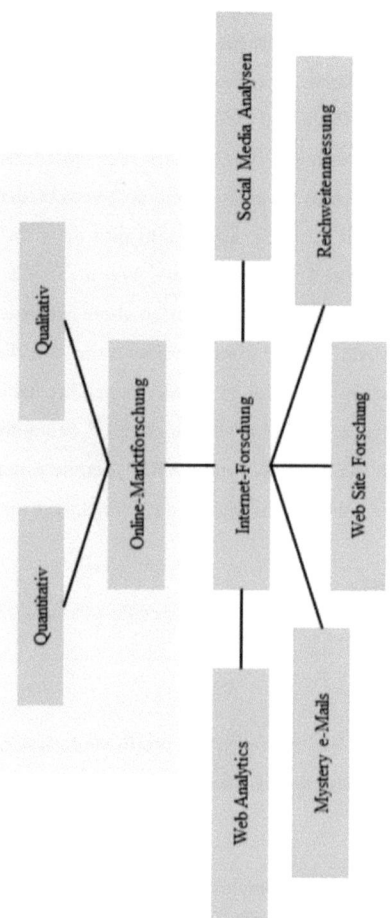

1. Abb. Beispiele für den Einsatzrahmen der quantitativ und qualitativ geprägten Onlineforschung Quelle: Theobald, A. (2017), S. 189

Befunde von Ottawa und Winkler aus dem Jahr 2015 zeigen, welche fachlichen Kompetenzen bei der Durchführung quanti wie auch qualitativer Erhebungen zu berücksichtigen sind. Erstens sind quantitative Methoden zu priorisieren, zweitens betonen sie die Notwendigkeit einer präsentations-Software und drittens erwähnen sie die kontinuierliche Auseinandersetzung mit einem Datenverarbeitungsprogramm (Exel, **SPSS**, PSPP). Nach Ottawa und Winkler besteht bei den fachlichen Kompetenzen Höhere

Statistik Ausbaubedarf, gem.i. erhöhte Nutzung von multivariaten Verfahren. Ferners soll der Rückgriff auf Big Data optimiert werden und es benötigt insgesamt mehr Datenanalysen.[77] Unter dem Begriff Social Media Monitoring, versteht der Forschende die Erhebung, Verarbeitung und Analyse von Inhalten aus dem Social Web, gem.s. Foren, Blogs und soziale Netzwerke. Abzugrenzen ist dieses Instrument von den anderen bekannten Methoden wie Social Media Analytics und Social Media- Forschung, so Theobald.[78]

3.4 Erläuterung der Kausalen Aspekte der quantitativen Marktforschung

Anders als die oben genannten explorativen und deskriptiven Herangehensweisen kann durch die kausale Forschung eine Ursache-Wirkungs-Beziehung hergestellt werden. Die systematische Variation der unabhängigen Variablen, mit den anderen abhängigen Variablen versetzt den Forschenden in die Lage empirische Auswirkungen zu erfassen, so Orth.[79] Kuß und Kleinkram beschreiben diese im Hinblick auf die angewandte Methoden als die anspruchsvollste. Sinn dieser ist es nicht den Typischen Käufer zu beschreiben, sondern nach Ursachen und Kausalitäten, innerhalb von bestimmten Verhaltensweisen und Präferenzen zu suchen. Nicht selten, werden dafür aufwendige experimentelle Untersuchungen herangezogen. Bei der Festlegung von Untersuchungszielen, formuliert der Forschende für gewöhnlich Hypothesen, welche es dann im Sinne von Karl Poppers Kritischen Rationalismus zu wiederlegen gilt.[80] Hierfür hat die Kausale Marktforschung ein Breites Spektrum an Versuchsaufbauten, klassisch kommen Laborstudien oder Feldstudien -im realen Umfeld, unter kontrollierten Bedingungen zum Einsatz.[81] Da die Daten empirischer Forschungen, aus verschiedenen Quellen adaptiert werden, ist es entscheidend hierbei zwischen experimenteller, sowie auch nichtexperimenteller Datenerhebung, jedoch auch zwischen Labor- und im Feld generierten Daten zu unterscheiden. Während experimentelle Daten für wissenschaftliche Arbeiten und für diesen Forschungszweck auch erhoben werden, besteht der Hauptnutzen dieser Daten, in ihrer kontrollierten Erhebung und Replizierbarkeit. Nicht experimentelle Daten hingegen, werden meist von Regierungsstellen erfasst, sie entstehen zufallsbedingt

---

[77] Vgl. Theobald, A. (2017), S. 190
[78] Vgl. ebd. (2017), S. 253
[79] Vgl. Orth, H (2015), 7. Kap. 3. 2. Abs.
[80] Vgl. Kuß, A. Kleinaltenkamp, M. (2020), S. 94-95
[81] Vgl. Orth, H (2015), 7. Kap. 3. 2. Abs.

als Nebenprodukt der zunehmenden Ökonomisierung der Gesellschaft. Während Felddaten in einer realen Umgebung generiert werden, erfassen die Labordaten wiederum Daten, welche in einer Künstlichen Umgebung eruiert werden. Die Kontrolle der Variablen spricht für eine Datenerhebung im Labor, so Özsucu.[82] Ein Beispiel für eben angeführte Laborexperimente stellt die Produktclinics vom Spiegelinstitut dar. Um eine möglichst genaue Diagnose zu stellen, verfahrt diese mit einem Produkt wie mit einem Patienten, welcher auf Herz und Niere getestet wird (sinnbildlich gem.). Ziel ist es mit den richtigen Methoden die unterschiedlichsten Fragestellungen zu beantworten. Bsph. Fragen zur Gestaltung und dem Design eines Produktes, Ermittlung der Preisbereitschaft der Konsumenten, die generelle Akzeptanz des Produktes, bestehende Stärken und Schwächen eines Prototyps, sowie Fragen zur Bedienbarkeit und dem Nutzererlebnis ggf. Determinierung von Ablenkungsreizen.[83] Die Priorisierte Methode basiert auf der Interaktion des Versuchspartners mit einem Tablet PC, auf welchem zielgerichtet mittels Nahfeldkommunikation (Near Field Communication), Fragen zu den interessierenden Produkteigenschaften gestellt werden- und der Konsument von Produkt zu Produkt geleitet wird. Sinn dahinter ist es eine möglichst große Bandbreite an quantitativer und qualitativer Befragungstypen auszuschöpfen. Von Skalenbewertungen bsp. liquert-Skales bis hin zur Einbindung visueller Befragungsinhalte und eine dynamische Filterführung, bilden ein breites Spektrum an Forschungsinstrumenten.[84]

---

[82] Vgl. Özsucu, Ö. (2016), S. 79-80
[83] Vgl. Produktclinics (2020), S.1 1. Abs.- 2. Abs.
[84] Vgl. Produktclinics (2020), S.1 3. Abs.

Literaturverzeichnis

Bandura, A. (1977), Social Learning Theory (Hrsg.) Prentice Hall. ISBN 978-0138167516

Böhler, H. Fürst, A. (2014), Marktforschung. 4. Aufl. (Hrsg.) Kohlhammer. ISBN 978-3-17-025298-1

Dietrich, M. (1986), Konsument und Gewohnheit- Eine theoretische und empirische Untersuchung zum habituellen Kaufverhalten (Hrsg.) Physica- Verlag, Heidelberg. ISBN 978-3-7908-0338-9

Esch, F. R. (2019), Handbuch Markenführung- mit 477 Abbildungen und 46 Tabellen, (Hrsg.) Springer Fachmedien, Wiesbaden. ISBN 978-3-658-13341-2

Fichter, C. (2018), Wirtschaftspsychologie für Bachelor (Hrsg.) Springer- Verlag, Berlin. ISBN 978-3-662-54943-8

Foscht, T. Swoboda, B. Schramm-Klein, H. (2015), Käuferverhalten- Grundlagen- Perspektiven- Anwendung-5 5- Aufl. (Hrsg.) Springer, Gabler, Wiesbaden. ISBN 978-3-658-08548-3

Fydrich, T. Martin, A. Schneider, W. (2010), Pathologisches Kaufen. (Hrsg.) Springer-Verlag, Wiesbaden. DOI 10.1007/s00278-010-0725-z

Gansser, O. Krol, B. (2017), Moderne Methoden der Marktforschung- Kunden besser verstehen. (Hrsg.) Springer Gabler, Wiesbaden. ISBN 978-3-658-09744-8

Katona, G. Das Verhalten der Verbraucher und Unternehmer (Hrsg.) Mohr Siebeck ISBN 978-3165107029

Keller, B. Klein, H. W. Tuschl, S. (2015), Zukunft der Marktforschung- Entwicklungschancen in Zeiten von Social Media und Big Data. (Hrsg.) Springer Fachmedien, Wiesbaden. ISBN 978-3-658-95399-4

Kochhan, C. Föhl, U. (2016), Konsumverhalten -Foliensatz im Modul Rahmenbedingungen der Markt- und Werbepsychologie. (Hrsg.) SRH Fernhochschule The Mobile University, Riedlingen

Kirchgeorg, M. (2020), Kaufentscheidung- Definition: Was ist „Kaufentscheidung"? (Hrsg.) Gabler Wirtschaftslexikon. Extensives Kaufverhalten, Limitiertes Kaufverhalten, Habituelles Kaufverhalten, Impulsives Kaufverhalten abgerufen am 15. 9. 2020

Kroeber- Riel, W. Esch, F. R. (2004), Strategie und Technik der Werbung – Verhaltenswissenschaftliche Ansätze, (Hrsg.) Kohlhammer. ISBN 9783170184916

Kroeber-Riel, W. Gröppel-Klein, A. (2013), Konsumentenverhalten. 10. Aufl. (Hrsg.) Vahlen Verlag. ISBN 978-3-8006-4618-0

Kroeber-Riel, W. Weinberg, P. (2003), Konsumentenverhalten. 8. Aufl. (Hrsg.) Franz Vahlen. ISBN 9783900629312

Kuß, A. Tomczak, T. (2007), Käuferverhalten: Eine marketingorientierte Einführung (Uni- Taschenbücher M) (Grundwissen der Ökonomik). 4. Aufl. (Hrsg.) Lucius & Lucius, UTB, Stuttgart. ISBN 978-3825216047

Kuß, A. Wildner, R. Kreis, H. (2018), Marktforschung. Datenerhebung und Datenanalyse. 6. Aufl. (Hrsg.) Springer Fachmedien, Wiesbaden. ISBN 978-3-658-20565-2

Magerhaus, A. (2016), Marktforschung. Eine praxisorientierte Einführung. (Hrsg.) Springer Fachmedien, Wiesbaden. ISBN 879-3-658-00890-1

Maier, G. W. (2020), Habitualisierung- (Hrsg.) Gabler Wirtschaftslexikon. https://wirtschaftslexikon.gabler.de/definition/habitualisierung-36647 Zugriff am 17.9.2020

Malhotra, N. K. (2010), Marketing Research: An Applied Orientation. 6. Aufl. (Hrsg.) Pearson Education. ISBN 9780136094234

McCracken, G. (1988), The Long Interview (Serie.) Qualitative Research Methods, online Publication. ISBN 9780803933538

Orth, H. (2016), Konsumverhalten Titel -NR. 0585-03. 3. Aufl. (Hrsg.) SRH Fernhochschule The Mobile University, Riedlingen.

Özsucu, Ö. (2016), Ein Geschäftsmodell für Logistikdienstleister im Umfeld von KMU. Wettbewerbsvorteile durch horizontale Kooperation und Revenue- Sharing. (Hrsg.) Springer Fachmedien, Wiesbaden. ISBN 978-3-658-14888-1

Peter, J. P. Olson, J. Consumer (2007) behavior and marketing strategy. (Hrsg.) Mcgraw-Hill, London. ISBN 9780071259354

Produktclinics (2020), Consumer Research (Hrsg.) Spiegel Institut. https://www.spiegel-institut.de/kompetenzen/consumer-research/produktclinics abgerufen am. 26.9.2020

Senitza, F. Jungmair, J. A. Pöchtrager, S. (2020), Halal aus Sicht der muslimischen Bevölkerung- Eine Studie über kaufentscheidende Werte, Motive und Einstellungen (Hrsg.) Springer Fachmedien, Wiesbaden. ISBN 978-3-658-30526-0

Spindler, G. I. (2016), Basiswissen Marketing- Quick Guide für (Quer-) einsteiger, Jobwechsler, Selbständige, Auszubildende und Studierende (Hrsg.) Springer Gabler, Wiesbaden. ISBN 978-3-658-12379-6

Solomon, M. Bamossy, G. Askegaard, S. (2001), Konsumentenverhalten. Der europäische Markt. 1. Aufl. (Hrsg.) Pearson Studium. ISBN 978-3827370044

Solomon, M. (2016), Konsumentenverhalten- Pearson Studium- Economic BWL. 11. Aufl. (Hrsg.) Pearson Education. ISBN 978-3-8689-4256-9

Spektrum (2020), Lexikon der Psychologie- Marktforschung, psychologische (Hrsg.) Spektrum.de https://www.spektrum.de/lexikon/psychologie/marktforschung-psychologische/9233 abgerufen am 19.9.2020

Steffen, A. Doppler, S. (2019), Einführung in die Qualitative Marktforschung- Design-Datengewinnung- Datenauswertung. (Hrsg.) Springer Fachmedien, Wiesbaden. ISBN 978-3-658-25107-9

Stern, H. (1962, The Significance of impulse Buying Today. (Hrsg.) Hournal of Marketing, 26, 59-62. http://dx.doi.org/10.2307/1248439

Studyflix (2020), Die habitualisierte Kaufentscheidung (Hrsg.) Studyflix.de. https://studyflix.de/wirtschaft/kauferverhalten-1179 abgerufen am 17. 9. 2020

Theobald, A. (2017), Praxis Online-Marktforschung. Grundlagen- Anwendungsbereiche- Durchführung. (Hrsg.) Springer Fachmedien, Wiesbaden. ISBN 978-3-658-10202-9

Thommen, J. P. Achleitners, A. K. Gilbert, D. U. Hachmeister, D. Kaiser, G. (2017), Allgemeine Betriebswirtschaftslehre- Umfassende Einführung aus managementorientierter Sicht. 8. Aufl. (Hrsg.) Springer Gabler, Wiesbaden. ISBN9978-3-658-07767-9

Weinberg, P. (1981), Das Entscheidungsverhalten der Konsumenten (Hrsg.) Schoningh ISBN 9783506993175

Weis, H. C. Steinmetz, P. (2012), Marktforschung 8. Aufl. (Hrsg.) NWB Verlag. ISBN 978-3470425283

Wirtschaftslexikon24 (2020), Psychologische Marktforschung (Hrsg.) Wirtschaftslexikon24. com. http://www.wirtschaftslexikon24.com/d/psychologische-marktforschung/psychologische-marktforschung.htm abgerufen am 19.9.2020